SAINT-MARC-GIRARDIN

EN COURS DE PUBLICATION

CHEZ LE MÊME LIBRAIRE

MÉMOIRES DE NINON DE LENCLOS

PAR EUGÈNE DE MIRECOURT

60 livraisons à 25 centimes, avec gravures
18 fr. l'ouvrage complet par la poste

OUVRAGE TERMINÉ

CONFESSIONS DE MARION DELORME

PAR EUGÈNE DE MIRECOURT

60 livraisons à 25 centimes, avec gravures.
18 fr. l'ouvrage complet par la poste.

Paris. — Imp. DUBUISSON et Cⁱᵉ, rue Coq-Héron, 5.

SAINT MARC GIRARDIN

LES CONTEMPORAINS

SAINT-MARC GIRARDIN

PAR

EUGÈNE DE MIRECOURT

PARIS

GUSTAVE HAVARD, ÉDITEUR

15, RUE GUÉNÉGAUD, 15

—

1857

L'auteur et l'éditeur se réservent le droit de traduction
et de reproduction à l'étranger

SAINT-MARC GIRARDIN

Pour ne pas être confondu sans doute avec l'ancien rédacteur en chef de *la Presse*, le héros de ce petit livre s'est canonisé par anticipation.

Son véritable nom de famille est Marc Girardin.

Le célèbre professeur est né à Paris, le 21 février 1801, d'une famille bourgeoise et commerçante de père en fils. Il ne compte pour ancêtres que des marchands drapiers. Son mérite personnel lui a conquis des droits à l'illustration sans le secours d'aucun parchemin héréditaire.

Dès l'âge le plus tendre, Marc se distingua par une vive intelligence et par un goût passionné pour l'étude.

Ses parents, comme le plus grand nombre des boutiquiers, n'avaient pas cet esprit étroit et dépourvu d'horizon que donne la constante préoccupation du gain.

Ils décidèrent que l'enfant ferait ses classes.

On l'envoya, comme pensionnaire, à l'institution Hallays-Dabot (1), un des plus grands établissements libres de Paris, situé rue des Fossés-Saint-Jacques, et qui envoyait ses élèves aux cours du lycée Napoléon.

Marc eut là pour condisciples le futur maréchal Saint-Arnaud, le futur député Chégaray et M. de Langsdorf.

Au concours général, il disputa plus d'une couronne à Vitet, l'un des brillants élèves du collége Charlemagne.

L'année scolaire ne se termina pas une

(1) Cette institution existait encore, il y a quelques années. Elle a fait place à une école préparatoire à la marine.

fois sans que le nom du jeune Marc fût proclamé sous les voûtes solennelles de la Sorbonne.

Ses triomphes ont laissé des traces dans le souvenir de ses contemporains, car le public, au commencement de la Restauration, prenait un intérêt beaucoup plus vif aux succès de collége qu'il ne le fait de nos jours.

On essayait de cultiver d'autres lauriers que ceux du champ de bataille.

Depuis trop longtemps, l'Empire avait mis en coupe réglée la jeunesse française, et l'on applaudissait à la génération nouvelle qui ceignait son front de palmes moins glorieuses, mais plus utiles, au point de vue de la civilisation et du repos de la France.

L'année de rhétorique est surtout, pour les héros de collége, l'année des grandes victoires.

Marc remporta deux prix : celui de discours français et celui de vers latins; mais ces couronnes lui coûtèrent force démarches ; il lui fallut, pour les obtenir, une longue persévérance

Par un déni de justice inqualifiable, on l'avait éliminé du concours après coup, sous prétexte qu'il avait dépassé vingt ans, l'âge de rigueur, et sans remarquer qu'il bénéficiait de la prolongation d'une année, exceptionnellement accordée aux élèves que les événements politiques de

1815 avaient précédemment frustrés d'une joûte universitaire.

Outré de l'injustice dont on le rendait victime, Marc accourut chez un de ses parents, M. Hochet, secrétaire du contentieux au conseil d'État.

Il expliqua son mécompte et lut sa composition.

M. Hochet, homme d'esprit et fort lettré, le conduisit chez M. Villemain, où le jeune homme fit une seconde lecture de ses vers.

Le professeur les goûta fort.

— Excellente latinité, dit-il à Marc ; seulement, vous avez laissé, par étourderie, échapper une faute de césure.

N'importe, j'épouse votre querelle. Je vous ferai rendre justice.

Il tint parole.

Cependant, malgré l'intervention du professeur, les droits de Marc Girardin ne furent reconnus qu'à demi.

Les juges du concours prétendirent qu'il devait partager le prix avec un autre élève, neveu du doyen de la Faculté des lettres.

C'était pour donner à celui-ci la couronne tout entière qu'on avait évincé son concurrent. Les condisciples de Marc le vengèrent de cette intrigue et sifflèrent son rival.

Après la distribution de prix, le jeune

homme se rendit chez son protecteur pour le remercier.

Villemain se trouvait absent

Marc lui laissa un mot d'écrit dans lequel il lui exprimait toute sa gratitude. Le style de cette lettre, rédigée à la hâte dans une antichambre, frappa M. Villemain.

Rencontrant Marc peu de temps après, il lui dit :

— Je suis sûr que vous avez lu et relu la Correspondance de Voltaire. Pour écrire de cette façon franche et nette, il faut avoir bien étudié le meilleur de nos modèles de prose.

En effet, le jeune collégien faisait ses

délices de la susdite correspondance.

Il se forma de la sorte au bon style, c'est possible; mais en même temps il se desséeha le cœur, à un âge où il est nécessaire de céder quelquefois aux illusions de l'enthousiasme.

La littérature y perdit un poète, et les *Débats* y gagnèrent un critique.

Disons que M. Saint-Marc Girardin est resté fidèle à sa prédilection pour Voltaire. Tout récemment, il a publié en tête de ses *Lettres inédites* une fine et savante étude sur le patriarche de Ferney.

Quelques mois après la sortie du collége, le hasard mit le jeune homme en présence de six de ses anciens camarades, les plus *forts*, après lui, de l'institution Hallays-Dabot.

Tous rêvaient l'avenir littéraire.

Les six amis de Marc avaient chacun en poche une tragédie, qu'ils n'eussent pas cédée pour l'empire de Trébizonde.

Vinrent les épanchements et les confidences.

O prodige! sur les six chefs-d'œuvre il y avait deux *Virginie* et quatre *Lucrèce*.

Nous connaissons un académicien qui va se pendre après cette révélation.

Si la corde est solide, elle pourra servir ensuite à M. Latour Saint-Ybars.

Marc Girardin n'avait aucun manuscrit

de ce genre à se reprocher. Son prix de poésie latine ne lui montait pas au cerveau en alexandrins, et le démon de la rime le laissait assez calme.

Néanmoins, il se sentait entraîné, comme ses camarades, vers la carrière des lettres.

Mais les fils proposent et les pères disposent!

Sa famille décide qu'il suivra le cours de l'Ecole de droit. M. Girardin père regarde avec raison le métier du barreau comme beaucoup plus agréable, au point de vue de l'indépendance, que celui du professorat.

Le jeune homme obéit.

Mais, tout en étudiant la jurisprudence, il continue de suivre les cours de la Sorbonne.

Reçu avocat, il plaide trois causes.

Nous parlerons seulement de la première, qui fit naître certains épisodes curieux. Marc avait à défendre un marchand bonnetier contre les dames de la Halle.

Il prononce un plaidoyer fort ironique et gagne le procès.

Or, ceci ne va plus aux commères qui se présentent comme parties adverses.

Durant toute la plaidoirie, elles se permettent des gestes de menace envers le jeune orateur; puis, au sortir de l'audience, elles se rassemblent dans la salle des Pas-Perdus, afin de le complimenter de son succès, en style poissard.

Quelques âmes charitables préviennent Marc de l'ovation qu'on lui ménage.

Il ne fait qu'en rire et veut affronter intrépidement le dialecte de Vadé. Les gendarmes y mettent obstacle et font déguerpir ces dames.

Trois jours après, il reçoit la visite de son client, le marchand bonnetier. Celui-ci entame la question des honoraires.

— Oh! vous ne me devez rien, répond Saint-Marc, absolument rien! Je suis avocat amateur et je plaide pour mon plaisir.

— Monsieur, repart l'honnête boutiquier, je sais à quoi la délicatesse m'oblige. Puisque vous refusez mon argent, croyez bien que je ne resterai point votre débiteur. Vous aurez bientôt de mes nouvelles.

Le lendemain, notre Démosthènes dormait encore, quand le bonnetier force la porte de sa chambre, avec un paquet sous le bras.

— J'espère, mon généreux défenseur, s'écrie-t-il, que vous accepterez au moins ce gage de ma reconnaissance !

— Pourquoi cela ?... mon Dieu, non ; je ne veux rien.

— Oh ! je laisserai le paquet, je vous le jure !

— Quel terrible homme! Voyons au moins ce que vous m'apportez.

— Du tout! Je vous en prie, ne regardez cela qu'après mon départ.

Il fallut bien en passer par où voulait ce client si plein de délicatesse.

A peine a-t-il tourné les talons, que notre avocat s'empresse d'ouvrir le paquet mystérieux ; il y trouve... douze bonnets de coton de premier choix et une demi-douzaine de caleçons de nuit.

Cependant, ni Cujas ni Pothier ne pouvaient faire oublier à Marc Girardin sa douce littérature.

Nous le trouvons, au début de l'année 1821, taillant et affilant sa plume dans le bureau de rédaction d'un petit journal qui avait pour titre l'*Echo du soir*.

Il y faisait, en style on ne peut plus délibéré, le compte rendu de l'Opéra.

M. de Sacy, son futur collègue au journal de la rue des Prêtres, y publiait également, dans une manière toute folâtre, certaines esquisses judiciaires qu'il serait curieux de mettre en regard de ses articles actuels.

La plume de ces messieurs jetait là sa gourme. Ils étaient en goguette et se livraient à leurs folies de jeunesse.

Du reste, ils ne tardèrent pas à se ranger l'un et l'autre.

Ce passage de Saint-Marc Girardin

dans la petite presse ne lui fut point inutile.

A toutes ces manœuvres d'escrime du journalisme amusant, sa plume acquit aisance et souplesse, désinvolture cavalière et spirituelle vivacité : charme suprême, lorsqu'il se trouve au service d'un talent sérieux.

Bientôt il s'occupe de travaux plus importants.

En 1822, il concourt à l'Académie française pour l'éloge de Lesage.

Mais il n'obtient que l'accessit.

Sa forme libre, et beaucoup trop en dehors du ponsif académique, déplaît à l'aréopage.

Marc avait entrepris ce travail d'après les conseils de Villemain. Ce dernier le consola du demi-échec qu'il venait de subir, en insérant dans les *Débats*, sur son œuvre, quelques lignes flatteuses.

Il y avait réellement d'excellentes choses dans cette étude sur Lesage.

Les différences de caractère entre Gil Blas et l'audacieux Figaro s'y trouvaient très nettement et très finement tracées.

Comme nous l'avons déjà dit, Saint-Marc Girardin, dès la première heure de ses débuts, se renferma dans les limites de la critique pure et simple. Il ne fit jamais à la Muse le plus petit doigt de cour, infiniment plus sage en cela que tous ses prédécesseurs et tous ses rivaux, dont les essais malheureux ou insuffisants ont révélé l'impuissance.

Etienne Béquet a fait le *Mouchoir bleu*, — un chef-d'œuvre, si vous voulez, mais un chef-d'œuvre de cent lignes.

M. Villemain a écrit *Lascaris*.

Philarète Chasles a commis la *Fiancée de Bénarès*.

Nous avons lu des poésies fugitives de M. Ampère.

On a joué une comédie de M. Magnin : *Racine*, ou *la Troisième représentation des Plaideurs*.

Enfin M. Nisard a signé une nouvelle; Gustave Planche a promis d'écrire un roman; ce gros Janin s'est rendu coupable de l'*Ane mort*, de la *Religieuse de Toulouse* et des *Plaisirs champêtres*.

Rien de semblable chez notre héros.

Sa conscience est pure de tout soupçon de roman, de tragédie ou de poème.

Cet esprit net, avisé, positif, ennemi du vague et de la rêverie, n'a jamais risqué le moindre écart dans le pays de l'imagination. Sa critique, en revanche, est toujours brillante et limpide.

Jamais il ne tombe dans les minuties pédantesques de la science.

Il voit de loin, parce qu'il voit de haut; ses lecteurs le suivent sans fatigue.

En 1823, Saint-Marc, persistant à embrasser la carrière du professorat, bien que ses parents aient obtenu de lui qu'il ne se fasse point admettre à l'Ecole Normale, profite de la création récente de l'agrégation pour en subir les examens.

Il est reçu, et attaché comme professeur suppléant à plusieurs colléges de Paris.

Cette position lui offre des avantages plus que modestes sous le rapport du traitement; mais il trouve moyen de l'améliorer par des répétitions ou des leçons particulières.

Tout à coup, on le dénonce comme libéral, et il se voit écarté de l'enseignement par l'abbé Nicolle.

Sans réclamer contre les mesures qui

le frappent, il se résigne à passer doucement sa vie en famille, en attendant des jours meilleurs.

Chaque année, aux vacances, il se livre à quelques excursions peu lointaines sur les bords du Rhin, en Belgique, en Suisse, et y dépense gaiement ses minces économies de répétiteur et d'universitaire en demi-solde.

Saint-Marc Girardin a toujours eu le goût des voyages.

Nous le suivrons plus tard dans quelques autres pays, moins battus des touristes.

M. de Frayssinous, ministre de l'instruction publique, le relève de sa disgrâce en 1826.

On tient même à le dédommager des rigueurs de l'abbé Nicolle, et monseigneur d'Hermopolis lui offre une chaire de seconde au collége Louis-le Grand.

Vers la même époque, Marc se charge, à la *Société des Bonnes-Lettres*, de faire un cours public sur la littérature de la Renaissance.

Il improvise sa première leçon avec une verve piquante, avec un esprit merveilleux et plein de grâce.

La multitude se presse pour l'entendre.

On peut dire que ses cours obtinrent un succès incontestable, même à côté du sublime enseignement de la Sorbonne.

La couleur politique de la *Société des Bonnes-Lettres* n'avait pas empêché Saint-Marc Girardin de lui prêter l'appui de sa parole et de sa science ; mais il devint, en même temps, un des principaux rédacteurs du *Mercure du XIXe siècle*, recueil foncièrement libéral.

Nous l'y voyons écrire, pendant les années 1826 et 1827, et en gardant l'anonyme, un assez grand nombre d'articles intitulés : *Lettres sur la littérature dramatique.*

Sans se ranger le moins du monde sous le drapeau classique, il décoche au romantisme des flèches acérées et cuisantes.

« Avec la nouvelle école, dit-il dans un

de ses premiers manifestes (1), notre rôle sera piquant. Que de fois nous aurons à crier *haro*, quand on mettra le niais sous le nom de naïveté, et le monstrueux sous le nom d'énergie. »

Dans un autre passage, il caractérise le vicomte d'Arlincourt en disant :

« Il invente comme les classiques, et il écrit comme les romantiques. »

Au milieu de cette guerre, ou plutôt au milieu de ces escarmouches contre les novateurs, Saint-Marc Girardin n'est jamais sorti de son rôle individuel. Jamais il n'a abdiqué sa personnalité au

(1) *Mercure du XIXe siècle*, tome 15, page 274.

profit des rancunes manœuvrant derrière lui.

Tout en admettant ses qualités brillantes, la prestesse et la vivacité de son style, on lui reproche d'être parfois trop superficiel.

Il y a quelque chose de fondé dans ce reproche.

L'écrivain qui regarde la clarté comme son mérite le plus incontestable et comme le premier devoir de sa plume, néglige ordinairement les profondeurs où la clarté n'est plus assez vive.

Or, le contraire arrive aux gens profonds. Presque toujours ils sont obscurs.

A la fin de l'année 1826, notre professeur, un peu fatigué de la poitrine, sollicite de M. de Frayssinous un congé, que celui-ci lui accorde avec un empressement gracieux.

Somme toute, la congrégation n'était pas fâchée de le voir partir en Italie.

L'année suivante, Saint-Marc Girardin concourt une seconde fois devant l'Académie française. Il remporte le prix avec M. Patin, pour l'*Éloge de Bossuet*.

En 1828, nouvelle lutte académique.

Cette fois, Saint-Marc et Philarète Chasles sont couronnés ensemble. Le sujet proposé par le docte cénacle était un *Tableau de la marche et des progrès de la littérature française au seizième siècle.*

L'œuvre de notre professeur, n'est, selon nous, qu'un brillant croquis.

Il éclaire la question tout au plus à la surface, et néglige bien des richesses précieuses qu'il aurait trouvées dans la mine, en y creusant davantage.

Quoi qu'il en soit, les hauts bonnets du *Journal des Débats* trouvèrent ce travail merveilleux. En plein bureau de la rue des Prêtres, M. de Feletz fit l'éloge du lauréat en termes si pompeux et avec l'élan d'une sympathie si vive, qu'on eut aussitôt l'idée d'admettre Saint-Marc Girardin au nombre des rédacteurs du journal.

La négociation n'avait rien de difficile. Armand Bertin s'en chargea volontiers.

Quelques jours après, il rencontre Saint-Marc au foyer du Gymnase.

Dès le premier soir, ils sont amis, et, le lendemain, notre professeur envoie de la copie aux *Débats*.

Son premier article fut une étude sur Beaumarchais, à laquelle dame Censure, très sévère alors, apposa son *veto*.

Le passage que voici lui parut séditieux :

« Beaumarchais est un novateur sans scrupule. C'est là une gloire ou un crime que ne lui pardonneront pas ceux qui marchent en arrière, ceux qui marchent de côté, et enfin ceux qui ne marchent pas du tout. »

Saint-Marc aborde le premier-Paris, quinze jours après son entrée dans la rédaction.

Les troubles de la rue Saint-Denis éclatent. Il prend la plume, et donne courageusement cet article, imité d'un passage de Champfort :

« Tartuffe s'était mortifié dimanche soir. Lundi et mardi il se vengea. La canaille se mit à courir Paris, en criant : *Vive l'Empereur!* cri défunt qui ne ressuscite personne; cri exhumé des cartons de la police, car son ignorance des choses d'aujourd'hui trahit son origine. Le peuple accourt pour voir; la bourgeoisie s'assemble pour s'indigner de pareilles provocations. Alors gendarmerie à cheval et à pied, troupes de ligne s'élancent sur le tout, sabrant, fusillant, renversant.

» *O qualis facies et quanto digna tabella!*

» Qu'il faisait beau voir nos soldats prendre la rue aux Ours, s'emparer de la rue Gréneta, marcher au pas de charge dans la rue Saint-Denis, tourner la rue Mauconseil, s'élancer dans le passage du Grand-Cerf, tirer sur les fenêtres gabionnées de pots de fleurs, tout cela à la lueur des réverbères, à défaut du soleil d'Austerlitz !

« Voyez cette cavalerie victorieuse qui court à plein galop : gare ! laissez passer la victoire ! gare aussi pour les civières chargées de blessés qu'on porte à l'Hôtel-Dieu! Ce sont aussi des trophées, et le bulletin de la grande bataille est affiché à la Morgue! »

On le voit, cette polémique ne manquait pas de hardiesse.

L'article fit fortune dans la haute société libérale de Paris, et les salons de M. de Talleyrand, de M. de Broglie et de M. Molé s'ouvrirent pour Saint-Marc Girardin.

Mademoiselle Mars elle-même, qui se mêlait un peu de politique, voulut connaître le jeune professeur.

Elle lui envoya une invitation pour une de ses soirées.

Saint-Marc lui répondit avec bon goût :

« Votre invitation, mademoiselle, est des plus flatteuses; mais ma robe noire ferait tache d'encre à côté des brillantes toilettes de femme qui peuplent vos salons. »

Désirant entreprendre un nouveau voyage, il pria le successeur de M. de Frayssinous, M. de Montbel, de vouloir bien lui permettre de quitter sa chaire pour quelques mois.

— Allez, monsieur! lui fut-il répondu. Prenez tout le temps qu'il vous plaira. Nous ne demandons pas mieux que de vous envoyer promener!

Trois ans plus tard, en 1831, le professeur-journaliste rencontra hors de France les deux ministres qui s'étaient montrés si *obligeants* à son égard.

Il les plaignit et les remercia.

On peut dire de Saint-Marc Girardin qu'il est professeur dans l'âme. A toutes les époques, son ambition s'est concentrée dans l'enseignement.

Sous Martignac, le ministre libéral, il demanda une chaire de rhétorique et l'obtint.

M. Thiers, après Juillet, voyant qu'il dédaignait de prendre part à la curée générale des places, lui dit un jour :

— Il faut avouer, mon cher monsieur

Girardin, que vous êtes un fier pédant !

— Dites un pédant fier ! repartit Saint-Marc.

On le nomma presque malgré lui maître des requêtes.

Six mois auparavant, c'est-à-dire en avril 1830, il avait fait un voyage en Prusse, dans le but d'étudier les établissements d'éducation professionnelle, encore inconnus chez nous.

Il fit connaissance avec Michelet de Berlin, avec Gutzkow, l'éminent auteur dramatique, avec Edouard Gans et avec le philosophe Hégel.

De retour à Paris, la semaine qui précéda les glorieuses, il reprit, le lendemain de la révolution, sa plume de journaliste pour écrire son fameux article sur les solliciteurs. Il stigmatisa bien avant Auguste Barbier tous ces mendiants ministériels,

> Effrontés coureurs de salons,
> Qui vont de porte en porte et d'étage en étage.
> Gueusant quelques bouts de galons.

On lira sans doute avec plaisir quelques-unes de ces lignes curieuses.

« Il y a quinze ans, en 1814, les martyrs de la fidélité inondaient les antichambres; la Vendée assiégeait les bureaux. C'était l'insurrection des Gérontes. L'ambition avait alors les cheveux blancs, et l'intrigue portait de la poudre.

» Le costume et le langage diffèrent aujourd'hui ; mais c'est la même chose au fond. Les victimes abondent, les héros pullulent. Ceux-ci se sont battus en personne (lisez le journal où leur nom est cité, mais ne lisez pas l'erratum du lendemain); ceux-là font valoir leurs titres. Aujourd'hui l'Intimé ne dirait plus :

« Monsieur, je suis bâtard de votre apothicaire.

» Il serait bâtard d'un des vainqueurs de la Bastille ou oncle d'un des braves du pont de la Grève, et à ce titre l'Intimé demanderait une place de procureur général. »

Après avoir ainsi tiré sa poudre à ces

moineaux francs impudents, Saint-Marc Girardin s'en alla faire un tour au delà des Alpes.

Comme il regagnait Paris, en passant par Lyon, l'émeute le bloqua deux jours dans cette dernière ville, deux jours de transes épouvantables, pendant lesquels il eut à trembler cent fois pour la vie de sa femme, qui l'accompagnait.

Encore sous l'impression de son effroi, il écrivit dans les *Débats :*

« Les barbares qui menacent la société ne sont point au Caucase ni dans les steppes de la Tartarie, mais dans les faubourgs de nos villes manufacturières. »

Phrase terrible, dont chaque année qui s'écoula, depuis lors, a rendu la menace plus saisissante.

De 1829 à 1833, Saint-Marc Girardin a publié nombre d'opuscules et quelques livres, dont voici les principaux : *Des œuvres apocryphes du premier et du second siècle de l'ère chrétienne ;— Etat du théâtre à la fin du dix-huitième siècle ;— Histoire politique et littéraire de l'Allemagne* (1).

Tous ces travaux n'empêchaient pas l'illustre professeur de fournir au journal

(1) Ce dernier ouvrage est la publication de ses leçons à la Faculté des lettres, pendant l'année 1831 ; il contient un discours d'ouverture sur l'*Etat politique de l'Allemagne actuelle.*

de la rue des Prêtres de nombreux articles.

Il osa le premier tourner en ridicule l'Eglise-théâtre de l'abbé Châtel, le costume bariolé des saint-simoniens, le phalanstère et la femme libre.

On doit l'en remercier au nom de la morale publique.

Armand Carrel ne redoutait qu'un seul écrivain dans la presse, et cet écrivain était Saint-Marc.

— Diable d'homme! disait à ses intimes le rédacteur en chef du *National* : il ne vous répond que par des épigrammes et ne se laisse jamais saisir ; il plaisante et ne discute pas.

Notre héros, en effet, écrit sur la politique absolument comme il en cause, c'est-à-dire avec tout le charme et toute la vivacité de l'improvisation.

Il fut choisi pour suppléer Guizot dans la chaire d'histoire de la Sorbonne.

On lui avait proposé d'abord l'intérim de Villemain. Ceci rentrait davantage dans ses aptitudes; mais cette raison même le décida au refus.

— En suppléant M. Guizot, disait Saint-Marc, il y a de ma part infériorité, mais non analogie ; si je m'asseyais dans la chaire de Villemain, je montrerais trop, par l'analogie de mon enseignement, combien je lui suis inférieur.

Voilà, certes, de la sagesse et de la modestie.

Notre héros, à la fin de 1833, reçut le ruban rouge et fut nommé professeur de poésie française, en remplacement du père des deux Laya.

Quelques années plus tard, le collége de Saint-Yrieix (Haute-Vienne) l'envoya au palais Bourbon.

Nommé conseiller d'État en service extraordinaire, il assista tout au plus à huit séances, dans l'espace de dix-huit mois, ce qui n'empêcha point le Système de reconnaître ses services de presse et ses services parlementaires par une promotion aux fonctions de conseiller en service ordinaire, place qui valait douze mille francs.

Mais, se jugeant indigne de cette faveur, à cause de son peu d'assiduité, Saint-Marc Girardin déclara qu'il ne voulait point accepter une sinécure.

Il raconta l'histoire à Châtelain, du *Courrier français*.

La confidence ne tombait pas dans l'oreille d'un sourd.

— Que vous y consentiez ou que vous n'y consentiez pas, s'écria le journaliste de l'opposition, je dénoncerai le fait ! Mais soyez sans crainte, mauvais conseiller d'État, si je vous égratigne, je panserai la blessure.

Et Châtelain de brocher une tartine foudroyante contre le pouvoir corrupteur, tout en exaltant l'héroïque refus de l'un de ses champions.

Il n'y avait rien d'exagéré ni dans le blâme, ni dans l'éloge.

Saint-Marc Girardin est peut-être le seul homme de Juillet qui ait su garder quelque mesure dans la compétition des faveurs et quelque indépendance dans sa ligne de conduite.

Assez souvent il parlait à la Chambre ; mais il y fit peu de discours soutenus.

L'homme qui improvise dans sa chaire avec une facilité si merveilleuse était loin d'obtenir le même succès dans une assemblée politique.

Cela se conçoit.

Son véritable terrain, c'est la finesse, l'ironie piquante, le mot spirituel ; et ces qualités délicates ne s'apprécient point à une tribune, où l'orateur, avant tout, vise aux gros effets de l'éloquence.

Du reste, il avoue lui-même qu'il se trouvait là complétement dépaysé.

— Ce n'est pas la même chose, dit-il, de parler à la Chambre et de parler à la Sorbonne.

Il obtint cependant quelques triomphes parlementaires dans les questions dont il s'était fait une spécialité, par exemple dans la question russe et dans la question polonaise.

A la session suivante, il fut réélu.

Tous nos contemporains ont encore souvenir du célèbre discours prononcé par Guizot pendant la coalition. L'homme de Gand termina par ces mots, jetés à la face de M. Molé :

Omnia serviliter pro dominatione!

Celui qui recevait à bout portant cette magnifique citation latine ne savait que répondre.

Heureusement, Saint-Marc Girardin lui vint en aide.

— Oh! oh! dit-il, messire Guizot se

montre érudit à la façon de Janin! Le mot de Tacite ne s'applique pas aux courtisans, il s'applique aux ambitieux.

— En êtes-vous sûr? s'écrie Molé.

— Parfaitement sûr. Tacite l'a dit à l'occasion de l'avénement d'Othon à l'empire.

Aussitôt Molé s'élance à la tribune et rétorque au ministre la triomphante citation. Chacun trouva que l'historien de Rome avait tracé le caractère de M. Guizot, à dix-huit siècles de distance.

Vers cette époque, le malheur frappa cruellement M. Saint-Marc Girardin.

Sa femme se trouvait à Morsang, village presque inconnu des environs de

Paris, où M. Tierriet, son père, avait une maison de plaisance.

On propose une promenade sur l'eau.

Madame Saint-Marc Girardin prend place dans une nacelle à voiles avec ses trois sœurs et son frère. Tout ce monde s'embarque avec gaieté. Le ciel est magnifique et le paysage d'alentour est splendide.

Soudain, un coup de vent fait chavirer l'embarcation et précipite dans la rivière les cinq personnes qui la montent.

M. Charles Tierriet, le seul qui sût nager, ramène ses deux plus jeunes sœurs, qui s'accrochent au bateau avec toute l'énergie de l'épouvante. Il s'efforce ensuite, mais inutilement, de ressaisir madame Saint-Marc, qui perd connaissance et disparaît.

L'autre sœur, madame Marchand-Dubreuil, revient un instant sur l'eau, puis disparaît à son tour.

A cet affreux spectacle, les deux jeunes filles sentent leurs forces défaillir.

M. Tierriet est épuisé.

Tous vont être victimes, quand, à ce moment suprême passe le bateau à vapeur le *Louqsor*.

On entend leurs cris de détresse.

Dix passagers se jettent à la nage, et l'on ramène sur le bateau les trois survivants de ce drame terrible, avec le corps inanimé de madame Saint-Marc Girardin.

Le cadavre de madame Marchand-Dubreuil ne fut retrouvé que beaucoup plus tard.

Pendant ce temps-là, notre pauvre député se trouvait à la Chambre. Il n'apprit qu'à neuf heures du soir l'irréparable catastrophe.

Mais tout n'était pas fini, et le drame devait avoir un épilogue.

Attaqué d'une maladie de poitrine, résultat de son immersion dans un moment où il était trempé de sueur, M. Charles Tierriet mourut à quelque temps de là.

Le malheur ne frappait pas cette famille pour la première fois.

Madame Marchand-Dubreuil, qui venait de périr si misérablement, s'était trouvée veuve le jour même de son mariage.

Préfet de l'une de nos provinces, son mari arriva, pour faire célébrer son hymen, juste deux jours avant l'insurrection Barbès.

Au sortir de la mairie, entendant battre la générale, il prend son fusil et marche contre les émeutiers.

Revenu à son domicile après l'action, il oublie de décharger son arme, et, le lendemain, comme il venait de s'habiller pour conduire sa femme à l'autel, son pied accroche la détente du fusil. Le coup part et lui fait sauter le crâne.

Après le cruel événement qui lui avait enlevé sa compagne, M. Saint-Marc Girardin tomba gravement malade.

Une fois convalescent, il partit pour Constantinople et revint en France par Athènes, Trieste et Venise, où il rencontra MM. Scribe et Salvandy.

Officier de la Légion d'honneur en 1839, et membre du conseil royal de l'instruction publique, il hérita, quelques années après, à l'Académie française, du fauteuil de Campenon.

Ce fut Victor Hugo que le hasard désigna pour répondre au discours du nouvel élu.

Le grand poëte, que Saint-Marc n'avait pas épargné dans sa critique, eut le tort, en cette circonstance, de trop montrer sa rancune.

Il se dispensa de faire à son collègue les compliments d'usage, et prononça une harangue toute politique, innovation dont messieurs les immortels ont beaucoup trop abusé depuis, sans compter qu'ils en abuseront encore, si l'on n'y met ordre.

Après le pèlerinage de Belgrave-square, notre héros, au sein de la commission chargée de rédiger l'adresse à la couronne, s'éleva contre le mot *flétris* que la majorité des satisfaits voulait infliger aux légitimistes.

Mais on lui joua le méchant tour de le nommer rapporteur, et il se vit obligé de soutenir à la tribune l'expression même qui avait encouru son blâme.

Il lui en coûta huit à neuf suffrages, lors de son élection à l'Institut.

On voit que ce n'est pas d'aujourd'hui que la politique y a ses grandes entrées.

Notre professeur pleurait encore sur la tombe de sa femme, quand il perdit, en 1846, à peu de distance l'un de l'autre, son père et l'un de ses enfants.

Tous ces coups du sort implacable retentirent douloureusement dans son âme, car il ne vivait que par les affections de famille.

Nous trouvons dans les œuvres de Gutzkow, son ami d'Allemagne, le passage touchant qui va suivre :

« Les dernières heures que j'ai passées à Versailles appartenaient à **M.** Saint-Marc. Je le trouvai au milieu de sa famille, devant le feu dont on ne pouvait encore se passer le soir, entouré de ses chers petits enfants qui, à huit heures, venaient gentiment donner la main et dire bonsoir. Je compris qu'en France aussi on peut être heureux parmi les siens (1). »

(1) *Briefe ans Paris*, tome 2, page 94.

Le *Cours de littérature dramatique* du célèbre professeur contient sur l'amour paternel des pages qu'il est impossible de lire sans être profondément ému.

Comme il a compris la sainteté des devoirs d'un père! Comme il parle admirablement du caractère indélébile et sacré que ce titre imprime!

Nous n'avons cité jusqu'à présent qu'une partie de ses œuvres.

Sans établir la liste complète de ses nombreux écrits, il faut mentionner néanmoins ceux qui ont le plus contribué à sa réputation.

En voici les titres :

La Pucelle de Chapelain et la Pucelle

de Voltaire; — *Edouard Gans*; — *les
Confessions de saint Augustin*; — *Souvenirs et réflexions sur l'Allemagne*; — *Histoire de sainte Affre, courtisane*; — *la Légende de saint Chrodegung*; — *la Reine Sémiramis*, livre traduit du latin, de Jacob Mosenius, jésuite allemand; — *l'Ingrat*, conte traduit du même auteur; — *Grégoire de Tours*, — et les *Essais de littérature et de morale*, recueil d'articles publiés dans différents journaux, notamment dans le journal des *Débats*.

Il ne faut pas oublier sur cette liste le *Traité de l'instruction intermédiaire et de son état dans le midi de l'Allemagne.*

Ce sont les notes du voyage officiel que Saint-Marc fut chargé de faire outre-

Rhin, dans le but d'approfondir le système d'éducation professionnelle.

Sans respect pour les routines universitaires, il parle avec sympathie de ces écoles mixtes, où pourtant l'étude du dessin linéaire a détrôné sans façon l'étude du grec.

On devait attendre de lui cette impartialité.

Comme tous les hommes d'un sens droit, il était frappé du vice intolérable qui affligeait l'éducation française, éducation illogique, imparfaite, aboutissant tout au plus à faire des demi-lettrés, et grossissant, à la fin de chaque année scolaire, la cohue des incapacités ambitieuses.

Saint-Marc Girardin provoqua de toute son influence la réforme qui vient de s'accomplir.

Il l'a dit avant tous, et mieux que personne :

« Chaque fois que la société, par le vice de ses écoles, fait un demi-savant, elle fait un mécontent prétentieux, qu'il lui faudra plus tard satisfaire, ou qui deviendra l'ennemi mortel de son repos. »

Ah! messieurs les démocrates, race d'orgueilleux et de désœuvrés incapables, comme cette réflexion vous retombe sur la tête et vous écrase!

Nous avons parlé plus haut du *Cours de littérature dramatique* de notre écrivain, ou *De l'usage des passions dans le drame.*

C'est dans ce livre, sans contredit, que ses qualités brillent de tout leur éclat.

On ne peut se faire une idée plus sûre du style de l'auteur et du caractère de son esprit qu'en lisant les deux premières pages de cette étude.

« La sympathie que l'homme sent pour l'homme, dit Saint-Marc Girardin, est la cause du plaisir que donnent les arts qui procèdent de l'imitation de la nature humaine.

» C'est par là que nous aimons les statues et les tableaux.

» Mais c'est au théâtre surtout que cette sympathie s'exerce et se développe, parce que nulle part l'imitation de la nature humaine n'est poussée plus loin.

» Au théâtre, nous ne voyons pas seulement la forme et la figure de l'homme, nous voyons les mouvements de son cœur. Nous trouvons un plaisir de curiosité morale à observer nos semblables, à voir comment ils vivent et comment ils agissent; à plaindre leurs malheurs, s'ils sont malheureux, et à rire de leurs défauts, s'ils sont ridicules.

» Le théâtre satisfait à ce sentiment, par la comédie qui plaît à la malignité de l'homme, et par la tragédie qui excite sa pitié.

» Non pas que l'homme aime le malheur d'autrui ; mais il aime la pitié qu'il en éprouve. Et comme, au théâtre, la souffrance des personnages n'a rien de réel, il jouit à son aise de son émotion. L'âme se fait un plaisir de l'agitation que lui donne le spectacle des passions humaines, et un plaisir d'autant plus doux que ces passions ne sont qu'une image, une illusion sans dangers.

» Ces sentiments impétueux qui poussent au crime les héros tragiques, ces amours qui font leur joie et leur tourment, nous émeuvent et nous attendrissent sans nous inquiéter.

» Nous nous rassurons, sachant fort bien que nous ne sommes pas en jeu dans les périls de ce genre; nous jouissons sans scrupule de la vue et du voisinage de ces passions, qui sont tournées en plaisirs.

» Il y a pourtant dans cette jouissance quelque chose de dangereux.

» Ce que reprochent au théâtre les prédicateurs et les moralistes, Bossuet, Nicole, Jean-Jacques Rousseau, c'est de croire qu'en amollissant l'âme il ne la corrompt point, et qu'en remuant le levain des passions il ne les fait pas fermenter. »

Certes, il est impossible de donner du

théâtre une explication plus claire, plus complète et plus rapide.

Mais nous ne sommes pas en tout de l'avis du célèbre professeur. Quelques-unes de ses conclusions nous semblent inadmissibles.

Ainsi, par exemple, il déprécie beaucoup trop les modernes, pour exalter les anciens outre mesure.

« Ceux-ci, dit-il, n'ont représenté que les passions du cœur humain les plus générales et les plus communes : l'amour, la tendresse maternelle, la jalousie, la colère. Ces passions, qui sont simples de leur nature, ils les ont représentées simplement. Le théâtre moderne, au contraire, cherche, en fait de passions, les *exceptions* et les *curiosités* avec autant de soin que le théâtre ancien les évitait. »

A l'appui de son dire, M. Saint-Marc Girardin cite *Lucrèce Borgia.*

Lucrèce Borgia! c'est-à-dire l'amour maternel. Or, ce sentiment, n'en déplaise à l'illustre écrivain, n'est ni une *exception* ni une *curiosité.*

Sans doute il va nous répondre que nous faisons, de gaieté de cœur, un malentendu.

Dans le cas présent, ce n'est pas l'amour maternel que je mets en cause, nous dira-t-il; c'est le rapport tout exceptionnel sous lequel l'auteur l'a considéré.

Soit, nous acceptons l'argument.

Mais ouvrez les tragiques anciens, monsieur, et commencez par l'*OEdipe* de Sophocle.

Trouvez-vous qu'un fils qui tue son père et qui épouse sa mère ne soit pas une *exception*?

Si vous prenez ensuite Euripide, pensez-vous qu'on puisse rien voir de mieux, en fait de *curiosité* théâtrale, que Phèdre amoureuse d'Hippolyte et désirant ensuite sa mort?

Les Atrides vous présentent un père qui égorge sa fille, une femme qui égorge son mari, un fils qui égorge sa mère, et ce sont là, vous en conviendrez, — sans faire mention des autres crimes de la race, — de fort jolies *exceptions* dramatiques.

M. Saint-Marc Girardin confond trop volontiers le mélodrame plat et boursouflé du boulevard avec les œuvres sérieuses du théâtre moderne.

Quand il imagine une scène ridicule de sa composition pour prouver ce qu'il avance (1), il imite, comme l'observe M. Clément de Ris avec beaucoup de vérité, ce docteur candide qui argumentait

(1) Voir le chapitre intitulé *Des Pères dans la Comédie*.

contre son bonnet, et qui en réfutait victorieusement les raisons.

Ces réserves posées, le *Cours de littérature dramatique* est une des œuvres les plus substantielles que nous ayons dans le genre.

Jusqu'à ce jour, M. Saint-Marc Girardin est peut-être le seul critique moraliste du siècle.

Mais ses préceptes sont trop rigoureux, trop exclusifs.

Ainsi que le dit fort bien M. Charles Labitte, dans la *Revue des Deux Mondes* du 1er février 1845, « il oublie trop que la fantaisie est la dixième muse. Platon n'eût pas chassé de sa république les poètes que rêve M. Saint-Marc : il en eût fait des archontes.

Nous avons omis de parler de la très active collaboration de notre écrivain au recueil de M. Buloz et à la *Revue de Paris*.

Quelques-uns des morceaux que nous avons cités tout à l'heure ont paru dans ces deux recueils.

Voici plusieurs autres articles dus à sa plume, et qui ne peuvent être passés sous silence :

De la profession d'homme de lettres ; — Silvio Pellico ; — Henri Farel ; — M. Lacretelle, ou le Professeur ;— Causeries en Sorbonne ; — De la tragédie grecque et de la tragédie française; — Napoléon; — les Journaux chez les Romains; — Perse, ou le Stoïcisme; — De l'inspiration et de l'expression; — De la jeune école poétique, etc.

Quand éclata la révolution de Février, le Système, cherchant un remède tardif à ses irréparables sottises, voulut se mettre à l'abri d'un ministère de fusion, que devaient composer Thiers-Picrochole et M. Molé.

Saint-Marc Girardin, dans cette combinaison, devait avoir le portefeuille de l'instruction publique.

Par malheur, M. Molé refusa net en disant :

— Aux conditions que l'on me pose, je ne serais plus le ministre du roi, je serais le ministre de M. Thiers.

O châtiment d'un pouvoir corrompu !

Les voyez-vous discuter leur orgueil et sauvegarder leur égoïsme, au bord de l'abîme qui s'ouvre, et où le trône va s'engloutir ?

Si notre écrivain put concevoir alors quelques regrets, la marche des événements les lui fit oublier.

Bientôt il siégea sur les bancs de la Constituante, au milieu du parti de l'ordre.

Il fut élu membre de la commission d'organisation de l'enseignement professionnel, et de la section permanente du conseil supérieur de l'instruction publique.

C'est une marque de haute confiance qu'il ne peut manquer d'obtenir sous tous les régimes, parce que, sous tous les régimes, les lumières des hommes spéciaux sont indispensables.

Le conseil supérieur de l'Université le choisit pour secrétaire. Il en est encore aujourd'hui l'un des membres les plus actifs.

A l'époque où M. Dufaure administrait l'intérieur, Saint-Marc Girardin fut appelé à faire partie de la commission des théâtres.

Les journaux lui apportent sa nomination à Versailles, lieu de sa résidence depuis plusieurs années.

Il s'empresse d'accourir au ministère.

— En conscience, dit-il à M. Dufaure, je ne puis accepter cette place.

— Pourquoi? demande le ministre.

— Parce que je ne connais pas le théâtre.

— Allons donc! Il est possible que vous ne soyez point, comme un vaudeville ou comme un dramaturge, au courant des procédés avec lesquels on fait une pièce sans esprit et sans passion véritable; je vous accorde cela. N'importe, vous êtes l'homme qu'il me faut. Je veux pour les œuvres scéniques des juges qui ignorent le théâtre et qui connaissent le drame.

La commission créée par M. Dufaure fut dissoute après le coup d'Etat, par un de ses membres, M. de Morny qui, n'ayant jamais assisté aux séances, la crut tout naturellement inutile.

M. Saint-Marc Girardin conserve à la dynastie d'Orléans ses affections secrètes; mais il ne se montre pas, comme beaucoup d'autres, ennemi systématique du pouvoir.

S'il a des rancunes, elles sont inoffensives comme son caractère et comme son cœur,

Faisant, l'an dernier, une analyse de l'*Attila* de Corneille, il arrive à ce passage :

> A qui regarde bien,
> L'empire est quelque chose, et l'empereur n'est rien.

Dans l'auditoire, on croit saisir une allusion. Le professeur entend des chuchottements à droite et à gauche. Il se trouble et s'écrie :

— Oh! rassurez-vous, le contraire est aussi vrai !

Nouvelle surprise. On chuchotte bien davantage.

L'incident arrive aux oreilles du ministre, qui appelle Saint-Marc et lui demande une explication.

— Je n'en ai pas d'autre à vous donner que le hasard d'une lecture, répond-il à l'excellence. J'aurais également cité le vers, s'il y avait eu :

L'empereur seul est tout, et l'empire n'est rien.

Mais on ne semble pas satisfait. Saint-Marc reste dans l'inquiétude jusqu'au jour où, rencontrant de nouveau le ministre, il lui dit :

— Eh bien! et ma justification?

— Je l'ai transmise à l'Empereur.

— Quelle a été sa réponse?

— Il a souri.

— A la bonne heure! Une autre fois je me défierai de Corneille.

On accuse Saint-Marc Girardin de scepticisme et de froideur. L'émotion cependant le gagne quelquefois.

Un jour, — il y a bien longtemps de cela, car c'était à l'époque où Lamartine ne pactisait pas encore avec la démocratie, — l'illustre professeur était en train de lire à son auditoire de la Sorbonne le *Mondain* de Voltaire.

Tout à coup le souvenir du magnifique poème de *Jocelyn*, dont la première édition était en vente depuis la veille, lui revient à l'esprit.

Il jette le volume du roi de l'Encyclopédie, et parle avec feu, durant deux heures, des transports enthousiastes que la lecture de l'œuvre de Lamartine a soulevés dans son âme.

La salle entière partage son émotion. Chacune de ses phrases est accueillie par des bravos.

Une autre fois, lisant une page de la *Retraite de Russie*, des sanglots lui coupent la voix, et tous les assistants pleurent avec lui.

Personne au monde ne sait mieux électriser ceux qui l'écoutent. Il y a quelques mois, il termina l'une de ses leçons par le récit d'un acte héroïque accompli sous les murs de Sébastopol. Tout l'auditoire se leva comme un seul homme, en criant :

« — Vive la France ! »

La jeunesse l'aime et lui est sympathique.

De son côté, Saint-Marc Girardin témoigne aux élèves qui suivent son cours une affection presque paternelle. C'est un des examinateurs les plus indulgents.

Homme d'esprit, il n'a jamais su résister à un trait spirituel. Interrogeant, un jour, un aspirant au baccalauréat, il lui demande :

—Quelles conquêtes a faites Louis XIV ?

L'étudiant se trouve mal servi par sa mémoire, et répond :

— Je ne connais qu'une seule conquête de ce prince.

— Dites-la.

— C'est la conquête de La Vallière.

Saint-Marc Girardin ne put s'empêcher de rire. Le mot valut une boule blanche au candidat.

Notre professeur, sachant qu'il est aimé de son public, le gourmande parfois, avec bienséance toujours, mais avec un sans gêne qu'on tolère de lui seul.

Il se mit à lire une fois, en affectant des intonations ultra-dramatiques, une des pièces les plus boursoufflées d'Alexandre Dumas.

On riait aux éclats dans l'amphithéâtre.

— Tout beau, messieurs! s'écria soudain le professeur, en reprenant un air grave : ne riez pas ainsi, car peut-être irez-vous applaudir cela demain !

Un autre, à sa place, eût été sifflé.

Mais, dans la bouche de notre héros, la saillie fut couverte d'applaudissements.

En chaire, Saint-Marc Girardin aborde les sujets les plus scabreux, sans cesser de se montrer homme de bon ton et de bon goût.

Il vous parle de *Candide*, il vous parle de la *Pucelle*, des *Bijoux indiscrets* et des œuvres les moins chastes avec une pudeur de langage toute particulière. Il est de force à tout analyser, même la *Guerre des Dieux*, sans faire rougir les dames qui assistent à ses cours.

On a dit de lui qu'il se tenait à cheval sur une lame de rasoir.

— Mon cher monsieur Saint-Marc, lui disait un jour le recteur de l'Université, je ne connais que les hirondelles qui sachent, comme vous, se mouiller les ailes sans se noyer.

FIN

Monsieur

Vous avez du recevoir depuis près de 8 jours les exemplaires de la première partie de mon rapport. Je tiens à le mettre à la disposition du ministre avant la fin de décembre. Ayez la complaisance de m'envoyer les exemplaires qui me reviennent; je les attends avec impatience.

Tout à vous

H. Moë Girard

EN VENTE :
Chez GUSTAVE HAVARD, Éditeur,
15, rue Guénégaud, 15.

LA DEUXIÈME ÉDITION DE

LES BALS PUBLICS

A PARIS,

ÉTUDE PARISIENNE
PAR VICTOR ROZIER.

UN FORT VOLUME IN-32.

Prix : 1 franc.

TABLE SOMMAIRE.

LIVRE PREMIER.
État physique.

CHAPITRE PREMIER. — GÉNÉRALITÉS.

I. NOTIONS GÉNÉRALES.

La danse dans les Bals publics. — Public des dimanches. — Variété du public.

II. TABLEAU DES BALS PUBLICS.

Les bals régis et les bals-guinguettes. — Nombre des bals dans Paris et dans les environs. — Classement des principaux bals. — Prix de l'entrée selon les jours. — Les bals-guinguettes.

III. LÉGISLATION DES BALS PUBLICS.

Droit des pauvres. — Ordonnance sur la police des bals et salles de concerts publics. — Arrêté concernant la fixation des rétributions résultant du dépôt des cannes et autres objets dans les théâtres et les établissements publics.

IV. Origine du luxe dans les bals publics.

Origine du Jardin Mabille. — Les journaux attirent l'attention sur les bals publics. — La reine Pomaré. — Clara Fontaine. — Maria l'anglaise. — Mogador. — Rose Pompon. — Pritchard. — Élan donné aux autres bals par le Jardin Mabille. — Le Jardin Mabille aujourd'hui. — Essais à l'Étranger d'un jardin analogue. — Effet moral du luxe dans les bals.

V. Aperçu général.

Bals d'été : Le Jardin d'hiver et d'été. — Le Ranelagh. — Le Chateau des Fleurs. — Chateau et Parc d'Asnières. — Chateau-Rouge. Brididi. — Frisette. — Chicard. — Rigolette. — La Chaumière. — La Closerie des Lilas. — Les Arènes italiennes.

Bals d'hiver : Salle Valentino. — Salle Sainte-Cécile. — Salle Barthélemy. — Wauxhall. — Le Chateau d'Eau. — L'Élysée des Arts. — Le Prado.

VI. De l'affiche des bals publics.

Effet de l'affiche des bals sur le public. — Abus qu'en font certains directeurs de bals.

CHAPITRE II. — COUP D'ŒIL RÉTROSPECTIF.

VII. Des bals qui ne sont plus.

Ce qu'étaient les bals publics il y a dix ans. — Les seules danses habituelles à cette époque. — Les guinguettes de marchands de vin. — La Salle Montesquieu. — La Chartreuse. — La Reine Blanche. — Les modèles Israélites. — Bal Molière. — Bal du Saumon. — Salle Bréda. — Folies-Meyer. — Le Casino. — Le Bal du Rond-Point. — L'Ermitage d'été.

VIII. Le quartier latin.

Le quartier latin il y a vingt ans : L'Étudiant. — La Grisette. — Les Enfants du Prado. — Le Bœuf furieux.

Le quartier latin aujourd'hui : L'Étudiant. — Les Femmes. — La Rôtisseuse.

CHAPITRE III. — LES BALS MASQUÉS.

IX. L'Opéra.

Les jours gras à Paris. — Fondation des bals de l'Opéra. — Le public des bals de l'Opéra : Les turbulents. — Les beaux esprits. — Les femmes qui s'émancipent. — Il ne faut pas jouer avec le feu. — Les Marguerite de Bourgogne. — Les danseurs. — Le goût dans les travestissements. — L'Opéra-Comique. — Les autres bals masqués.

X. LA COURTILLE.

Ce que l'on pense généralement de la Courtille. — Ce qu'il en est. — Les FOLIES DE BELLEVILLE. — Le SALON FAVIÉ. — Les femmes que l'on rencontre à la Courtille. — La descente de la Courtille.

LIVRE SECOND.
État moral.
CHAPITRE IV. — ORIGINE DES FEMMES DE BAL.

XI. LA JEUNE FILLE DE PARIS.

Influence des bals et guinguettes sur l'avenir de la jeune ouvrière de Paris. — Le dimanche d'un grand nombre de familles ouvrières de Paris. — Le dîner à la barrière. — La guinguette. — Le jeune ouvrier. — La jeune fille. — Départ du domicile naturel. — Le concubinage. — Effet du mariage lorsqu'il a lieu. — La misère. — Le goût du luxe. — Départ du domicile de l'amant. — La jeune fille chez elle. — Les bals qu'elle fréquente. L'horrible femme. — Rêves de l'ouvrière. — La toilette et la rouerie lui manquent. — Elle devient à son aise dans les habits de soie. — MABILLE et VALENTINO.

XII. SUITE DU PARAGRAPHE QUI PRÉCÈDE.

Deux genres de parents. — Les parents entichés de leurs filles. — Les Cours de danse. — Les mauvais parents. — Fuite de la jeune fille. — Où elle se réfugie. — Ce qu'elle devient. — Abandon des parents. — Actes de bassesses de ces derniers. — Les jeunes filles vendues par leurs parents.

XIII. LA FILLE DE PROVINCE.

Variété. — La domesticité. — Les rusées commères. — La femme qui devient lorette. — Celle qui se retire de l'arène.

XIV. L'orpheline sans fortune.

Ses débuts dans la vie. — Comment elle tombe. — Le rang qu'elle se crée parmi les lorettes.

XV. La femme séparée de son mari.

Son récit à propos de sa séparation. — Le mari.

CHAPITRE V. — LA LORETTE ET LA FEMME ENTRETENUE.

XVI. Mœurs et coutumes de la lorette.

Mobile de la fille perdue. — Quartier où se loge la lorette. — Le thermomètre de sa fortune. — Les providences habillées en femmes mûres. — Leurs multiples fonctions. — Misères. — Comment se relève la lorette. — La Cagnotte. — Splendeurs. — Brouilles entre femmes. — Les plaisirs de la lorette. — Vice dépeint par Balzac. — Tactique de la lorette pour se faire aimer.

XVII. Distinctions entre l'actrice et la lorette.

XVIII. La lorette au bal.

L'amant de cœur. — Dans quelle intention la lorette va au bal. — Ses moyens de séduction. — Épreuves qu'elle fait subir à ses adorateurs.

XIX. Dialogues dans les bals.

Signes distinctifs de la femme de bal. — Dialogues sur divers sujets. — La bouquetière.

XX. Soupers a la sortie des bals.

Ce qui s'y passe. — Discussions.

CHAPITRE VI. — DES HOMMES QUI FRÉQUENTENT LES BALS.

XXI.

Les petits jeunes gens. — Leur stage auprès des danseuses. — Les jeunes gens qui dansent encore. — Les vieillards corrompus. — De pauvres jeunes gens. — Les désœuvrés. — Le boursicotier. — Les danseurs.

CONCLUSION.

Paris. — Typographie de Gaittet et Cie, rue Gît-le-Cœur, 7.

VIENT DE PARAITRE

25 CENTIMES LA LIVRAISON AVEC GRAVURES

MÉMOIRES
DE
NINON DE LENCLOS

PAR

EUGÈNE DE MIRECOURT
Auteur des *Confessions de Marion Delorme*

2 volumes grand in-8° jésus, illustrés par J.-A. BEAUCÉ

Le succès obtenu par les *Confessions de Marion Delorme* nous décide à publier sans interruption un second ouvrage, qui en est, pour ainsi dire, le complément.

A l'étude si dramatique et si intéressante du siècle de Louis XIII, M. Eugène de Mirecourt va faire succéder l'étude du grand siècle, que mademoiselle de Lenclos a parcouru dans toute sa durée et dans toute sa gloire.

Nous allons retrouver ici, sous un autre point de vue et dans des circonstances différentes, beaucoup de personnages du premier livre, mêlés à de nouveaux drames et à des péripéties plus saisissantes peut-être. L'histoire de Marion Delorme finit à la Fronde ; celle de Ninon de Lenclos traverse une période de soixante années au delà, marche côte à côte avec le siècle de Louis XIV, en coudoie toutes les illustrations, tous les héroïsmes, et s'arrête au berceau de Voltaire.

Nous ne négligerons rien pour donner à cet ouvrage, comme au précédent, tout le luxe typographique possible, et les dessins des gravures continueront d'être confiés au spirituel et fin crayon de M. J.-A. Beaucé.

La publication aura lieu également, soit par livraisons, soit par séries, au choix des souscripteurs.

CONDITIONS DE LA SOUSCRIPTION

Les Mémoires de Ninon de Lenclos, par Eugène de Mirecourt, formeront 2 volumes grand in-8°.

20 gravures sur acier et sur bois, tirées à part, dessinées par J.-A. Beaucé, et gravées par les meilleurs artistes, illustreront cet ouvrage, qui sera publié en 60 livraisons à 25 cent., et en 10 séries brochées à 1 fr. 50 c. chaque.

Chaque livraison contiendra invariablement 16 pages de texte. Les gravures seront données en sus. — Une ou deux livraisons par semaine.

L'ouvrage complet, 15 fr.

ON SOUSCRIT A PARIS

CHEZ GUSTAVE HAVARD, LIBRAIRE-ÉDITEUR

15, RUE GUÉNÉGAUD,

Et chez tous les Libraires de la France et de l'Étranger.

OUVRAGE COMPLET

LES CONFESSIONS

DE

MARION DELORME

PAR

EUGÈNE DE MIRECOURT

CONDITIONS DE LA SOUSCRIPTION.

Les *Confessions de Marion Delorme*, par Eugène de Mirecourt, formeront 2 vol. grand in-8° jésus.

20 gravures sur *acier* et sur *bois*, tirées à part, dessinées et gravées par les meilleurs artistes, il-

lustreront cet ouvrage, qui sera publié en 60 livraisons à 25 cent.

Chaque livraison contient invariablement 16 pages de texte. Les gravures sont données en sus.

Une ou deux livraisons par semaine.

L'ouvrage complet 15 francs.

ON SOUSCRIT A PARIS
Chez GUSTAVE HAVARD, Éditeur
15, rue Guénégaud, 15

Et chez tous les Libraires de la France et de l'étranger.

Paris.—Imp. Dubuisson et Ce, rue Coq-Héron, 5.

www.ingramcontent.com/pod-product-compliance
Lightning Source LLC
LaVergne TN
LVHW050648090426
835512LV00007B/1082